BEI GRIN MACHT SICH IHR WISSEN BEZAHLT

AF125595

- Wir veröffentlichen Ihre Hausarbeit,
  Bachelor- und Masterarbeit

- Ihr eigenes eBook und Buch -
  weltweit in allen wichtigen Shops

- Verdienen Sie an jedem Verkauf

Jetzt bei www.GRIN.com hochladen und kostenlos publizieren

Bibliografische Information der Deutschen Nationalbibliothek:

Die Deutsche Bibliothek verzeichnet diese Publikation in der Deutschen National-
bibliografie; detaillierte bibliografische Daten sind im Internet über http://dnb.d-
nb.de/ abrufbar.

Impressum:

Copyright © 2018 GRIN Verlag
Druck und Bindung: Books on Demand GmbH, Norderstedt Germany
ISBN: 9783346048448

Dieses Buch bei GRIN:

https://www.grin.com/document/502605

Julian Alexander Terrero Gelhaus

Ermessensspielräume bei der Entlassung von Probebeamten gemäß § 34 BBG

Können oder Müssen?

GRIN Verlag

GRIN - Your knowledge has value

Der GRIN Verlag publiziert seit 1998 wissenschaftliche Arbeiten von Studenten, Hochschullehrern und anderen Akademikern als eBook und gedrucktes Buch. Die Verlagswebsite www.grin.com ist die ideale Plattform zur Veröffentlichung von Hausarbeiten, Abschlussarbeiten, wissenschaftlichen Aufsätzen, Dissertationen und Fachbüchern.

Besuchen Sie uns im Internet:

http://www.grin.com/

http://www.facebook.com/grincom

http://www.twitter.com/grin_com

Können oder Müssen – Ermessensspielräume bei der Entlassung von Probebeamten gemäß § 34 BBG

Hausarbeit an der
Hochschule des Bundes für öffentliche Verwaltung
Fachbereich Allgemeine Innere Verwaltung

im Modul: Recht – Management – Psychologie

Themenstellung am: 25.04.2018
Bearbeitungsbeginn: 26.04.2018
vorgelegt am: 25.05.2018

Inhaltsverzeichnis

I

1 Einleitung

„Die Beamten sind diejenigen, die manchmal mit ihrer besonderen Schulung und Fixierung auf das Gesetz wie Sand im Getriebe populärer Schnellschüsse wirken. Aber genau das sollen sie sein: weil Rechtsstaat und Demokratie keine Gegenspieler sondern Komplementäre eines Bündnisses sind, das zugunsten der Freiheit der Bürger geschlossen wurde."[1] Anhand dieses Zitates wird die bedeutende Funktion und zugleich die Legitimation des Berufsbeamtentums in Deutschland ersichtlich. Im Hinblick auf den rechtsstaatlichen Schutz vor parteipolitischen Einflüssen auf die öffentliche Verwaltung betont das Bundesverfassungsgericht die Ausgleichsfunktion gegenüber den "das Staatsleben gestaltenden Kräften" des Berufsbeamtentums.[2] Doch wie soll ein Beamter[3] sein und sich verhalten? Wie soll er seine Amtsgeschäfte handhaben, um der Funktion des Berufsbeamtentums gerecht werden zu können? Prof. Dr. Hubert Treiber beantwortet diese Frage, den Beamten beschreibend, in seinem Beitrag in "Max Webers Staatssoziologie" als menschlich unbeteiligt, daher absolut sachlich nach universell berechenbaren Regeln Entscheidungen treffend, prinzipiell durch einen anderen Beamten austauschbar und fachlich geschult. Eine Staatsverwaltung, die solche Beamten einsetze, zeichne sich durch eindeutiges, kontinuierliches, immer regelgebundenes und berechenbares Funktionieren aus. Für Max Weber ist die bürokratische Abwicklung der Amtsgeschäfte die effizienteste.[4] Um sicherzustellen, dass nur solche Beamte dauerhaft in der öffentlichen Verwaltung tätig werden, besteht das Rechtsinstitut des Beamtenverhältnisses auf Probe.

Die zentrale Fragestellung, die untersucht werden soll, lautet: Wann können nach § 34 BBG Probebeamte im Rahmen einer Ermessensentscheidung entlassen werden, wann müssen sie entlassen werden?

2 Ermessen

Art. 20 (3) GG bindet die vollziehende Gewalt an Gesetz und Recht. Die Verwaltung wird dadurch einerseits in eine besondere Beziehung zum Gesetzgeber und andererseits zu den Verwaltungsgerichten, die die Rechtmäßigkeit der Verwaltungsmaßnahmen zu überprüfen haben, gebracht. Diesen fällt auch die Letztentscheidungskompetenz zu, da eine verwaltungsgerichtliche Entscheidung abschließend und verbindlich ist.[5]

Die Gesetzesbindung wird gelockert, wenn der Gesetzgeber der Verwaltung im Gesetz Gestaltungsspielräume einräumt. Solch eine Lockerung der Gesetzesbindung bedingt zugleich eine Lockerung der verwaltungsgerichtlichen Kontrolle. Gegenstand der Kontrolle ist dann nur die Rechtmäßigkeit - im Gegensatz zum Widerspruchsverfahren nach § 68 (1) S. 1 VwGO - jedoch nicht die Zweckmäßigkeit, so § 113 (1) S. 1 VwGO.

---

[1] *Di Fabio*, Das beamtenrechtliche Streikverbot, S. 50.
[2] *Di Fabio*, Das beamtenrechtliche Streikverbot, S. 50.
[3] Anmerkung: Wenn in dieser Arbeit nur die männliche Form genutzt wird, so dient dies ausschließlich der besseren Lesbarkeit und Verständlichkeit des Textes. Eine Diskriminierung des weiblichen Geschlechts sowie aller sonstigen Geschlechtsidentitäten ist ausdrücklich nicht beabsichtigt.
[4] *Anter/Breuer* (Hrsg.), Max Webers Staatssoziologie, S. 131–132.
[5] *Sauerland*, Allgemeines Verwaltungsrecht, S. 103.

Einen solchen Spielraum für Zweckmäßigkeitserwägungen der Behörde im Gesetz bezeichnet man als "Ermessen". Es kann eingeräumt werden durch die ausdrückliche Verwendung des Wortes oder durch einschlägige Formulierungen wie "kann", "darf", "ist befugt" oder ähnliche Begriffe.[6] Vor allem dient das Ermessen der Herstellung von Einzelfallgerechtigkeit. Zudem führt die damit einhergehende Flexibilität zu Effektivitätssteigerungen der Verwaltung.[7] Die Ermessensbetätigung hat unter Willkürausschluss "pflichtgemäß" zu erfolgen, so § 40 VwVfG.[8] Ermessensfehler sind die Ermessensunterschreitung, die Ermessensüberschreitung und der Ermessensfehlgebrauch. Ihre Rechtsfolge ist jeweils die Rechtswidrigkeit des Verwaltungsaktes.[9] Während auf der Rechtsfolgenseite einer Rechtsnorm das Ermessen eine Rolle spielt, erlangen auf der Tatbestandsseite der Rechtsnorm unbestimmte Rechtsbegriffe Bedeutung. Der Grad der Bestimmtheit der in einer Rechtsnorm verwendeten Rechtsbegriffe erzeugt eine unterschiedlich starke Auslegungsbedürftigkeit durch die Behörde. Zu unterscheiden sind unbestimmte Rechtsbegriffe mit und ohne Beurteilungsspielraum. Der Erstgenannte stellt den Ausnahmefall dar und ist nur in bestimmten Fallgruppen anerkannt. Dann erfolgt nur eine eingeschränkte verwaltungsgerichtliche Kontrolle hinsichtlich der Einhaltung von Verfahrensvorschriften und -grundsätzen, der Zugrundelegung des zutreffenden und vollständigen Sachverhalts, der Einhaltung allgemein anerkannter Bewertungsmaßstäbe und der Außerachtlassung sachfremder Erwägungen. Die Auslegung eines unbestimmten Rechtsbegriffs ohne Beurteilungsspielraum ist verwaltungsgerichtlich voll überprüfbar. Kommt das Verwaltungsgericht zu einer anderen Auffassung als die Behörde, führt dies dazu, dass die Behördenentscheidung als rechtswidrig aufgehoben wird, wenn alle Voraussetzungen vorliegen, so § 113 (1) S. 1 VwGO.[10]

---

[6] *Sauerland,* Allgemeines Verwaltungsrecht, S. 103–104.
[7] *Sauerland,* Allgemeines Verwaltungsrecht, S. 106.
[8] *Sauerland,* Allgemeines Verwaltungsrecht, S. 106.
[9] *Sauerland,* Allgemeines Verwaltungsrecht, S. 109.
[10] *Sauerland,* Allgemeines Verwaltungsrecht, S. 93–98.

Zur Veranschaulichung: *Unbestimmte Rechtsbegriffe/Ermessen (eigene Darstellung)*

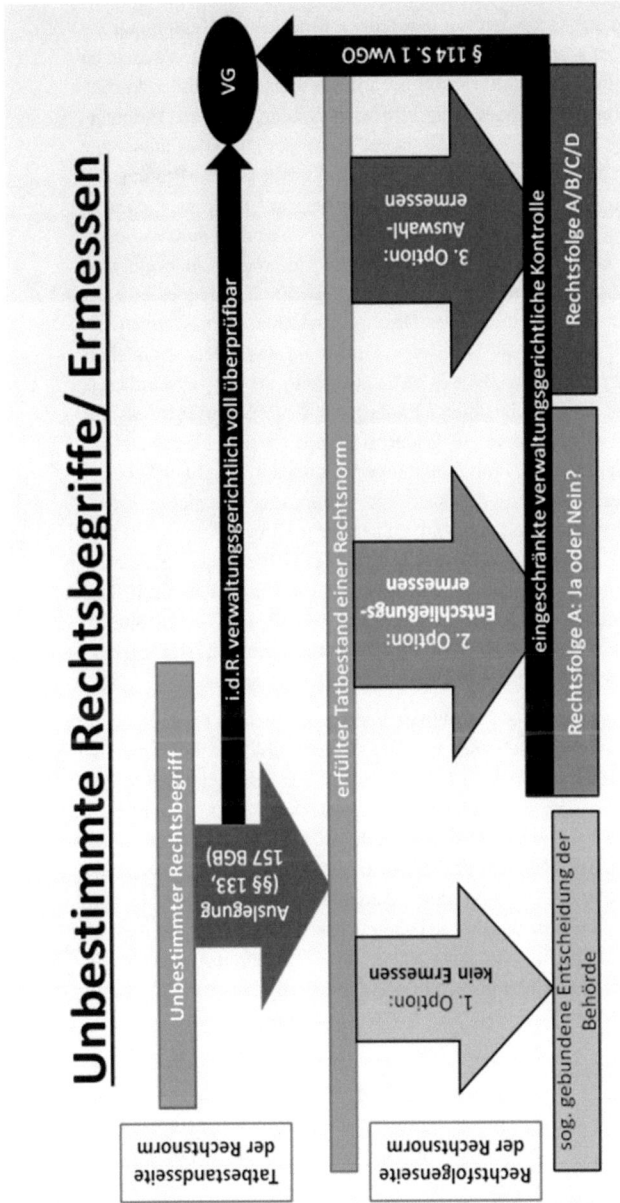

3 Das Beamtenverhältnis auf Probe

In das Beamtenverhältnis auf Probe darf nur berufen werden, wer die Befähigung für die Laufbahn, zu der das zu verleihende Amt gehört, bereits erlangt hat.[11] Während es sich beim Beamtenverhältnis auf Widerruf um ein solches zum Zwecke der Ausbildung, regelmäßig zur Ableistung eines vorgeschriebenen oder üblichen Vorbereitungsdienstes, handelt, ist das Beamtenverhältnis auf Probe ein Dienstverhältnis zur Bewährung. Die Bewährungszeit im Beamtenverhältnis auf Probe soll der Prüfung der vollumfänglichen Eignung für eine zukünftige Verwendung auf Lebenszeit dienen. Sie ist daher vor Berufung in ein Beamtenverhältnis auf Lebenszeit zu durchlaufen.[12] Durch die Eigenart des Beamtenverhältnisses auf Probe mit seinen an bestimmte Gründe gebundenen und somit begrenzten Entlassungsmöglichkeiten liegt es im Hinblick auf die Stabilität der Rechtsstellung des Beamten zwischen dem Beamtenverhältnis auf Widerruf, das gemäß § 37 BBG eine Entlassung aus jedem sachlichen Grund gestattet, und dem Beamtenverhältnis auf Lebenszeit, zu dem es hinführen soll.[13] Die Rechtsstellung des Probebeamten ist naturgemäß eine schwächere als die des Lebenszeitbeamten.[14] „Der Beamte auf Widerruf ist noch weniger geschützt."[15] Ein Anspruch auf Umwandlung des Probebeamtenverhältnisses in eines auf Lebenszeit erwächst nach der Rechtsprechung des Bundesverwaltungsgerichts nicht mit Ablauf der laufbahnrechtlichen Probezeit. Tritt ein realisierbarer Umwandlungsanspruch des Beamten jedoch ein, so ist dessen Entlassung nach § 34 (1) BBG ausgeschlossen.[16] Die Umwandlung in ein Beamtenverhältnis auf Lebenszeit hat spätestens nach fünf Jahren Probezeit zu erfolgen, wenn die Bedingungen des § 11 (2) BBG erfüllt sind.[17] „Das Beamtenverhältnis auf Probe endet nicht mit Ablauf der Probezeit, sondern erst durch Entlassung oder Umwandlung in ein Dienstverhältnis auf Lebenszeit."[18]

Art. 33 (5) GG in seiner Dimension als objektives Verfassungsrecht enthält die institutionelle Garantie des Berufsbeamtentums und ein Gestaltungs- und Fortentwicklungsgebot. In seiner subjektiv-rechtlichen Dimension als grundrechtsgleiches Recht können Betroffene die Beachtung der hergebrachten Grundsätze zuerst verwaltungsgerichtlich, dann im Wege der Verfassungsbeschwerde geltend machen.[19] Teils wird die Ansicht vertreten, wegen des Begriffs des "Berufsbeamtentums" seien nur Beamte und Richter auf Lebenszeit Träger des grundrechtsgleichen Rechts aus Art. 33 (5) GG.[20] Dem ist entgegenzuhalten: Seit dem Dienstrechtsneuordnungsgesetz wird das Amt im statusrechtlichen Sinne nicht erst bei der Verbeamtung auf Lebenszeit, sondern bereits mit der Begründung des Beamtenverhältnisses auf Probe

---

[11] *Schnellenbach/Bodanowitz,* Beamtenrecht in der Praxis, S. 44.
[12] *Schnellenbach/Bodanowitz,* Beamtenrecht in der Praxis, S. 31–32.
[13] *Plog/Wiedow/Lemhöfer/Beck,* Rdnr. 4.
[14] *Leppek,* Beamtenrecht, S. 35.
[15] *Finkelnburg/Dombert/Külpmann u. a.,* Vorläufiger Rechtsschutz im Verwaltungsstreitverfahren, Rdnr. 1385.
[16] *Herrmann/Sandkuhl,* Beamtendisziplinarrecht - Beamtenstrafrecht, S. 65.
[17] *Leppek,* Beamtenrecht, S. 35.
[18] *Leppek,* Beamtenrecht, S. 35.
[19] *Gröpl/Windthorst/von Coelln (Begr.),* Grundgesetz, Studienkommentar, S. 479.
[20] *Gröpl/Windthorst/von Coelln (Begr.),* Grundgesetz, Studienkommentar, S. 479.

verliehen.[21] Somit und dadurch, dass das Beamtenverhältnis auf Probe (und auf Widerruf) wie das Beamtenverhältnis auf Lebenszeit durch Ernennung zustande kommt, wird klar, dass eine Öffnung des persönlichen Schutzbereiches des Art. 33 (5) GG nur für Lebenszeitbeamte weder dem Grundgesetz noch dem Gesetzgeberwillen entspricht.

Die Regelungsinhalte der hergebrachten Grundsätze des Berufsbeamtentums des Art. 33 (5) GG lassen sich einteilen in allgemeine Statusgrundsätze des Beamtentums, Beamtenrechte von nicht (primär) vermögensrechtlicher Natur und solchen von vermögensrechtlichem Gehalt, die teilweise aus den Statusgrundsätzen folgen. Diese verfassungsrechtlichen Leitlinien des Beamtenrechts führen ebenso zu Rechten des Dienstherrn. Der Legislative obliegt die einfachgesetzliche Ausgestaltung der Rechte und Pflichten sowohl des Dienstherrn als auch des Beamten.[22] Die höchstrichterliche Rechtsprechung hat u. a. inzwischen als hergebrachte Grundsätze des Berufsbeamtentums anerkannt: das Beamtenverhältnis als besonderen Status, die grundsätzliche Anstellung auf Lebenszeit sowie Hauptberuflichkeit, das Leistungsprinzip, die Regelung der Beendigung des Beamtenverhältnisses unmittelbar durch Gesetz und die Fürsorgepflicht des Dienstherrn.[23] Das Lebenszeitprinzip gehört zu den hergebrachten Grundsätzen des Art. 33 (5) GG. Es gewährleistet die Unabhängigkeit der Beamten.[24] Vor diesem Hintergrund erscheint das Rechtsinstitut des zeitlich befristet angelegten Beamtenverhältnisses auf Probe fragwürdig. In welchem Verhältnis das Lebenszeitbeamtenverhältnis und andere Arten zueinander stehen, bedarf der Aufklärung. Erhellend dazu: "Dienst als Beamter ist grundsätzlich Beruf auf Lebenszeit, weswegen das Beamtenverhältnis in der Regel unbefristet ist. [...] Das schließt die Kategorie der Probe-, Widerrufs-, Zeit-, Teilzeitbeamten oder des jederzeit in den einstweiligen Ruhestand versetzbaren politischen Beamten nicht aus."[25] Diese Formen dürfen aber wegen Art. 33 (5) GG nicht der Regelfall sein und müssen - speziell die letztgenannte Art - stark begrenzt bleiben.[26] "Der politische Beamte ist somit auf Leitungsstellen, die mit dem jeweiligen Minister besonders nahe zusammenarbeiten, begrenzt." [27]

[21] *Schnellenbach/Bodanowitz*, Beamtenrecht in der Praxis, S. 33.

[22] *Sodan*, S. 378.

[23] *Stern*, Grundbegriffe und Grundlagen des Staatsrechts, Strukturprinzipien der Verfassung, S. 355–357.

[24] *Wolff/Antoni/Domgörgen/Risse*, S. 395.

[25] *Stern*, Grundbegriffe und Grundlagen des Staatsrechts, Strukturprinzipien der Verfassung, S. 374.

[26] *Stern*, Grundbegriffe und Grundlagen des Staatsrechts, Strukturprinzipien der Verfassung, S. 374.

[27] *Stern*, Grundbegriffe und Grundlagen des Staatsrechts, Strukturprinzipien der Verfassung, S. 375.

4 Die beamtenrechtliche Probezeit

Sinn und Zweck der Probezeit ist die Erprobung des Beamten hinsichtlich der Kriterien Eignung, Befähigung und fachliche Leistung durch den Dienstherrn mit der Möglichkeit, sich bei Nichterfüllung der an den Beamten gerichteten Anforderungen von diesem im Wege der Entlassung nach § 34 BBG zu trennen.[28] Treten bereits während der regelmäßigen Probezeit bei einem Beamten Zweifel an dessen Bewährung ein, so steht es einerseits im Ermessen des Dienstherrn, darüber zu befinden, ob die Probezeit ausgeschöpft oder der Beamte bereits vor ihrem Ablauf einer anderen Verwendung zugeführt oder gar entlassen wird. Dies kommt nur bei unumstößlichen Mängeln, die trotz erfolgter Abmahnung fortbestehen und einer positiven Bewährungsfeststellung keinen Raum lassen, in Betracht. Andererseits steht es im Ermessen des Dienstherrn, wenn die (Nicht-)Bewährung bis zum Ablauf der regelmäßigen Probezeit nicht abschließend festgestellt werden kann, die Probezeit ausnahmsweise zu verlängern.[29] Einheitlich für alle Laufbahnen beträgt die Probezeit gemäß § 11 (1) S. 3 BBG grundsätzlich drei Jahre, wobei eine vorherige gleichwertige und hauptberuflich ausgeübte Tätigkeit bis zu einer Mindestprobezeit von einem Jahr anrechenbar ist, ebenso jedoch die Probezeitverlängerung auf maximal fünf Jahre möglich ist. Die §§ 28 - 31 BLV enthalten die entsprechenden Regelungen.[30] Durch das Dienstrechtsneuordnungsgesetz verschärfte der Gesetzgeber das Leistungsprinzip. Es wurde klargestellt, dass die Bewährung in der Probezeit unter Anwendung eines "strengen Maßstabes" zu beurteilen ist, so § 11 (1) S. 1 Nr. 2 BBG. Die Bewährung muss laut § 11 (1) S. 2 BBG "in vollem Umfang" erfolgen.[31]

5 Rechtliche Einordnung und Systematik des § 34 BBG

§ 34 BBG normiert zusätzliche Entlassungsgründe für Probebeamte, die zu den allgemeinen Entlassungsgründen für Beamte hinzutreten. Gemäß § 2 BPolBG findet § 34 BBG auf Polizeivollzugsbeamte des Bundes auf Probe volle Anwendung, wobei die besondere Polizeidienstunfähigkeitsregelung des § 4 BPolBG zu beachten ist.[32] Die verschiedenen Entlassungsgründe des § 34 (1) S. 1 BBG stehen selbstständig und gleichwertig nebeneinander, zwischen ihnen besteht also keine Rangfolge.[33] Anknüpfungspunkt der Vorschrift ist der Status als Beamter auf Probe, also die Rechtsstellung des Beamten, die, unabhängig von der Rechtmäßigkeit der Berufung in diesen Status, nach dem durch Ernennung verliehenen beamtenrechtlichen Status bestimmt wird.[34]

Entscheidet sich die Behörde für die Entlassung eines Probebeamten, sind dabei die Fristen des § 34 (2) S. 1 BBG zu beachten, die - wie Kündigungsfristen im Tarifrecht nach § 34 (1) S. 2 TVöD - nach der Beschäftigungszeit gestaffelt sind.

---

[28] *Leppek,* Beamtenrecht, S. 35.
[29] *Schnellenbach/Bodanowitz,* Beamtenrecht in der Praxis, S. 168.
[30] *Leppek,* Beamtenrecht, S. 35.
[31] *Schnellenbach/Bodanowitz,* Beamtenrecht in der Praxis, S. 12.
[32] *Plog/Wiedow/Lemhöfer/Beck,* Rdnr. 8.
[33] *Plog/Wiedow/Lemhöfer/Beck,* Rdnr. 6.
[34] *Plog/Wiedow/Lemhöfer/Beck,* Rdnr. 5.

Laut § 34 (2) S. 2 BBG gilt als Beschäftigungszeit die Zeit der ununterbrochenen Tätigkeit als Probebeamter im Bereich derselben obersten Dienstbehörde. Gemäß § 34 (3) BBG sind die Vorgaben hinsichtlich der Entlassungsfristen bei einer Entlassung auf Grund von § 34 (1) S. 1 Nr. 1 BBG nicht zwingend, ihre Einhaltung steht sodann im behördlichen Ermessen (Gesetzeswortlaut: "möglich").[35] § 34 (4) BBG normiert, dass der Probebeamte mit Ende des Monats entlassen ist, in dem er die für Beamte auf Lebenszeit geltende Altersgrenze erreicht. Im Gegensatz zu den Entlassungstatbeständen des § 34 (1) S. 1 BBG, die einen Verwaltungsakt erfordern, handelt es sich hierbei um eine Entlassung kraft Gesetzes.

6   Das Ermessen in § 34 (1) BBG

Durch das Wort "kann" in § 34 (1) S. 1 BBG wird der Behörde zunächst zwar ein Ermessen eröffnet, aber sie ist im Grundsatz trotzdem verpflichtet, den Beamten auf Probe aus dem Beamtenverhältnis zu entlassen, wenn sie zu der Überzeugung gelangt ist, dass die gesetzlichen Voraussetzungen dafür gegeben sind.[36] Die Entlassungsgründe des § 34 (1) BBG sind fakultativ. Liegt einer dieser Gründe vor, so ist regelmäßig die Übernahme des betroffenen Probebeamten in ein Beamtenverhältnis nicht zulässig oder zumindest schwer vertretbar, was dann die Entlassung dieses Probebeamten rechtfertigt.[37]

6.1   Dienstvergehen - § 34 (1) S. 1 Nr. 1 BBG

„Mit dieser Vorschrift trägt der Gesetzgeber der Erwägung Rechnung, dass bei Beamten auf Probe, die sich eines mittleren bis schweren Dienstvergehens schuldig gemacht haben, die Übernahme in ein Beamtenverhältnis auf Lebenszeit regelmäßig nicht vertretbar erscheint. Voraussetzung hierfür ist, dass der Beamte ein Dienstvergehen im Sinne von § 77 Abs. 1 Satz 1 BBG begangen, also schuldhaft ihm obliegende Pflichten verletzt hat."[38] Weiter führt das Gericht aus: „Welche Disziplinarmaßnahme im Einzelfall erforderlich ist, richtet sich nach der Schwere des Dienstvergehens aufgrund einer Gesamtwürdigung unter Berücksichtigung aller im Einzelfall belastenden und entlastenden Gesichtspunkte sowie unter angemessener Berücksichtigung der Persönlichkeit des Beamten und des Umfangs der durch das Dienstvergehen herbeigeführten Vertrauensbeeinträchtigung. Für die Schwere des Dienstvergehens können bestimmend sein objektive Handlungsmerkmale (insbesondere Eigenart und Bedeutung der Dienstpflichtverletzung [...]), subjektive Handlungsmerkmale (insbesondere Form und Gewicht der Schuld des Beamten, Beweggründe für sein Verhalten) oder unmittelbare Folgen des Dienstvergehens für den dienstlichen Bereich und für Dritte".[39] Die Rechtsfolge des § 34 (1) S. 1 Nr. 1 BBG kann erfolgen, solange der Beamte im Status eines Beamten auf Probe ist. Zwar scheidet ein Rückgriff auf den Entlassungsgrund "fehlende Bewährung" gemäß § 34 (1) S. 1 Nr. 2 BBG aus, wenn das Dienstvergehen, das möglicherweise Zweifel an der charakterlichen Eignung des Probe-

---

[35] *Leppek*, Beamtenrecht, S. 110.
[36] *Schnellenbach/Bodanowitz*, Beamtenrecht in der Praxis, S. 156.
[37] *Leppek*, Beamtenrecht, S. 110.
[38] *VG Stuttgart*, 16. Januar 2013 – Az. 12 K 1927/11, 28 (21).
[39] *VG Stuttgart*, 16. Januar 2013 – Az. 12 K 1927/11, 28 (28).

beamten - und somit an seiner Bewährung - auslöst, vor oder nach der Probezeit statt-
fand, da sich das Kriterium der Bewährung ausschließlich auf den Zeitraum der Probezeit bezieht. Die Bewährungsfeststellung hemmt aber die Anwendbarkeit des
§ 34 (1) S. 1 Nr. 1 BBG nicht, sofern sich der Probebeamte noch in diesem Status
befindet und keinen Umwandlungsanspruch innehat. Bei einer Dienstpflichtverletzung
innerhalb der Probezeit steht dem Dienstherrn sogar ein Wahlrecht zwischen den bei-
den Entlassungsgründen oder die Angabe eines Grundes als Hauptgrund und die hilfs-
weise Angabe des zweiten Grundes zu. Im Rahmen der verwaltungsgerichtlichen Kontrolle ist es ausreichend, wenn ein Grund die Entscheidung trägt.[40]

Wenn das Dienstvergehen nicht so gravierend ist, dass es nach der disziplinargericht-
lichen Rechtsprechung bei einem Beamten auf Lebenszeit die Entfernung zur Folge
hätte, ist eine Überschreitung der gesetzlichen Ermessensgrenzen darin zu erblicken,
einen Probebeamten wegen eines Dienstvergehens zu entlassen, der einen Anspruch
auf Umwandlung des Probebeamtenverhältnisses in ein Beamtenverhältnis auf Lebenszeit hat. Vielmehr wäre der Beamte auf Probe in einer solchen Lage zum Beamten
auf Lebenszeit zu ernennen und danach ein Disziplinarverfahren gegen ihn einzulei-
ten.[41] Dass die Behörde bei der Sachverhaltsaufklärung an die tatsächlichen Feststel-
lungen eines rechtskräftigen Urteils im Straf- oder Bußgeldverfahren gebunden ist,
ergibt sich aus § 23 BDG, der nach § 34 (3) S. 2 BBG entsprechend anzuwenden ist.[42]

Insofern handelt es sich um ein intendiertes Ermessen, bei dem der Gesetzgeber eine
klare Richtung der Ermessensbetätigung - hier in Richtung Entlassung - vorgegeben
hat. Liegt ein Dienstvergehen im Sinne des § 34 (1) S. 1 Nr. 1 BBG vor, ist die Entlassung regelmäßig die vom Gesetzgeber gewollte Rechtsfolge und in aller Regel auch
ermessensgemäß. Nur besondere Umstände des Einzelfalles vermögen es, eine Ausnahme zu rechtfertigen. Für eine fehlerfreie Ermessensentscheidung genügt es, wenn
der Dienstherr sich seines Ermessens und der damit einhergehenden rechtlichen Aus-
nahmemöglichkeit bewusst ist, für diese Ausnahme aber keine Veranlassung sieht.[43]

6.2 Fehlende Bewährung - § 34 (1) S. 1 Nr. 2 BBG

"Der Entlassungsgrund der mangelnden Bewährung liegt vor, wenn unabhängig vom
Verschulden sich der Beamte der Probezeit hinsichtlich Eignung, Befähigung oder
fachlicher Leistung nicht in vollem Umfang bewährt hat."[44] Für den Fall fehlender
Bewährung wegen Mängeln in gesundheitlicher Hinsicht schreibt § 34 (1) S. 2 BBG
die Prüfung einer gesundheitlich möglichen anderweitigen Verwendung vor.
Diese Prüfung muss der im Vergleich zu § 44 (2) BBG anderen Ausgangslage Rechnung tragen. Die Prüfungsanordnung kann nicht so verstanden werden, dass schon die
Möglichkeit der Verwendung auf einem einzigen anderen Dienstposten zur Bejahung
der Bewährung und folgerichtig zur Belassung im Dienst und zur Berufung zum Lebenszeitbeamten genügt, weil dies der Forderung der Eignung für die gesamte

[40] *Herrmann/Sandkuhl,* Beamtendisziplinarrecht - Beamtenstrafrecht, S. 65.
[41] *Schnellenbach/Bodanowitz,* Beamtenrecht in der Praxis, S. 160.
[42] *Plog/Wiedow/Lemhöfer/Beck,* Rdnr. 12.
[43] *Plog/Wiedow/Lemhöfer/Beck,* Rdnr. 9.
[44] *Battis,* S. 261.

Laufbahn, die an den Beamten zu richten ist, entgegenstünde. Praktisch dürfte daher nur ein sehr kleiner Kreis von Fällen verbleiben, in denen ein Probebeamter für einen bestimmten Dienstposten gesundheitlich zwar ungeeignet, aber für das hinreichend breite Spektrum sonstiger Verwendungsmöglichkeiten der gesamten Laufbahn tauglich ist. Allerdings ist der Prüfungsanordnung auch dadurch Rechnung zu tragen, dass ein möglicher Laufbahnwechsel in eine Laufbahn mit geringeren gesundheitlichen Anforderungen in Betracht gezogen wird, bevor eine Entlassung ausgesprochen wird.[45] Der Gesetzgeber stärkte den Grundsatz "Rehabilitation vor Versorgung" durch die Regelung des § 34 (1) S. 2 BBG.[46] Grundsätzlich muss dem Beamten die volle Probezeit zur Verfügung stehen. Maßgebend ist dabei die individuell festgelegte Probezeit. Vor ihrem Ablauf darf der Dienstherr nicht die Nichtbewährung feststellen und den Beamten entlassen. Eine vorzeitige Beendigung der Probezeit und Entlassung wegen mangelnder Bewährung muss auf Ausnahmefälle beschränkt sein, in denen feststellbare Mängel ihrer Natur oder Schwere wegen für nicht während der restlichen Probezeit behebbar angesehen werden. Die Fürsorgepflicht des Dienstherrn gebietet es in solchen Fällen, den Beamten schnellstmöglich zu entlassen, um ihm Klarheit über seinen künftigen Berufsweg zu verschaffen.[47] Ebenso gebietet es die Fürsorgepflicht, die Bewährungsfrage und die daraus folgende Umwandlung in ein Lebenszeitbeamtenverhältnis oder Entlassung nicht ungalant hinauszuzögern.[48]

Das in § 34 (1) S. 1 BBG eingeräumte Ermessen ist auf Null reduziert, wenn die Nichtbewährung endgültig festgestellt ist, weil es - schon wegen Art. 33 (2) GG - nicht im Ermessen des Dienstherrn liegen kann, einen Probebeamten, der sich nicht bewährt hat, in das Beamtenverhältnis auf Lebenszeit zu übernehmen oder ihn auch nur im Dienst zu belassen, also die Probezeit zu verlängern.[49]

6.3 Dienstunfähigkeit - § 34 (1) S. 1 Nr. 3 BBG

Die in § 44 (1) S. 1,2 BBG enthaltene Definition der Dienstunfähigkeit ist auch der Anwendung des § 34 (1) S. 1 Nr. 3 BBG zugrunde zu legen. Folglich ist Dienstunfähigkeit gegeben, wenn der Beamte wegen seines körperlichen Zustandes oder aus gesundheitlichen Gründen zur Erfüllung seiner Dienstpflichten unfähig ist.[50] Gemäß § 34 (1) S. 2 BBG ist auch bei Dienstunfähigkeit die Prüfung einer anderweitigen Verwendung vorzunehmen.[51] Gemäß § 49 (1) BBG scheidet eine Entlassung wegen Dienstunfähigkeit aus, wenn der Probebeamte ohne grobes Verschulden infolge einer Dienstbeschädigung dienstunfähig geworden ist und deshalb Anspruch auf Versetzung in den Ruhestand hat.[52]

---

[45] *Plog/Wiedow/Lemhöfer/Beck,* Rdnr. 21.
[46] *Schnellenbach/Bodanowitz,* Beamtenrecht in der Praxis, S. 14.
[47] *Plog/Wiedow/Lemhöfer/Beck,* Rdnr. 25.
[48] *Plog/Wiedow/Lemhöfer/Beck,* Rdnr. 26.
[49] *Battis,* S. 261.
[50] *Plog/Wiedow/Lemhöfer/Beck,* Rdnr. 27.
[51] *siehe dazu bereits oben unter 6.2*
[52] *Plog/Wiedow/Lemhöfer/Beck,* Rdnr. 27.

Das Ermessen umfasst hier nicht die Möglichkeit, einen Beamten auf Probe trotz Dienstunfähigkeit zum Beamten auf Lebenszeit zu ernennen oder ihn auch nur im Probebeamtenverhältnis zu belassen. Danach kommt nur ein Auswahlermessen zwischen Entlassung oder Versetzung in den Ruhestand nach § 49 (2) BBG in Betracht, wobei letztgenannte Option der Ausnahmefall sein sollte. Um der Fürsorgepflicht des Dienstherrn zu genügen, ist es bei der Entscheidung notwendig, die Umstände des Einzelfalls abzuwägen. Solche könnten das Lebens- und Dienstalter, die Versorgungsbedürftigkeit und wirtschaftliche Lage, sowie Bewährung und Würdigkeit des Beamten darstellen. Der Dienstherr darf aber auch haushaltsmäßige Erwägungen einfließen lassen.[53]

6.4   Verwendungsproblem - § 34 (1) S. 1 Nr. 4 BBG

Der Entlassungsgrund liegt in Gestalt eines schwerwiegenden und nicht behebbaren Verwendungsproblems aufseiten des Dienstherrn im Hinblick auf den jeweiligen Probebeamten vor. Im Gegensatz zu den vorherigen drei Entlassungsgründen des § 34 (1) S. 1 BBG handelt es sich hierbei um einen Entlassungsgrund, der nicht personenbedingt ist. Der Entlassungstatbestand liegt nicht in der Sphäre des Beamten, sondern in der des Dienstherrn. Damit der Tatbestand erfüllt ist, darf keine Möglichkeit amtsgemäßer Verwendung im gesamten Bereich des Dienstherrn zur Verfügung stehen.[54]

Das Ermessen bezieht sich hier nur auf die Frage, welche Beamten bleiben und welche entlassen werden, sodass es sich nicht um Entschließungsermessen, sondern um reines Auswahlermessen handelt.[55] Ermessensleitend ist das Leistungsprinzip. Soziale Auswahlkriterien können nur sekundär wirken.[56]

7   Fazit

„Das Grundgesetz verfolgt [...] zwei Ziele: die Entfaltung des sozialen Rechtsstaates in einer starken Demokratie und den Schutz des Einzelnen in seinen Grundrechten."[57] Dazu soll das Berufsbeamtentum mit seinen speziellen Qualitäten beitragen. Berufsbeamte haben dazu einen vom Lebenszeitprinzip geprägten Status. Um in das Beamtenverhältnis auf Lebenszeit zu gelangen, ist eine qualitätssichernde Bestenauslese nach den Vorgaben des Art. 33 (2) GG zu durchlaufen. Eignung, Befähigung und fachliche Leistung sind danach die entscheidenden Kriterien für die Berufung in ein Beamtenverhältnis. Die im Zuge des Vorbereitungsdienstes zu bestehenden Prüfungen tragen zur Bestenauslese bei, aber dem Beamtenverhältnis auf Probe kommt die entscheidende Rolle zu, weil nicht alle Bewerber vor dem Beamtenverhältnis auf Probe im Beamtenverhältnis auf Widerruf einen spezifischen Vorbereitungsdienst durchlaufen. Um alle einer gleichartigen Bestenauslese unterziehen zu können, ist die Bewährungszeit im Probebeamtenverhältnis sakrosankt. Tritt die Bewährung nicht ein, kann sich der Dienstherr in diesem Stadium noch – trotz des Lebenszeitprinzips – vom Beamten trennen. Die Rechtsgrundlage gemäß § 34 (1) S. 1 BBG ist insgesamt als Kann-

---

[53] *Plog/Wiedow/Lemhöfer/Beck*, Rdnr. 29.
[54] *Plog/Wiedow/Lemhöfer/Beck*, Rdnr. 30.
[55] *Plog/Wiedow/Lemhöfer/Beck*, Rdnr. 7.
[56] *Plog/Wiedow/Lemhöfer/Beck*, 30a.
[57] *Di Fabio*, Das beamtenrechtliche Streikverbot, S. 49.

Vorschrift formuliert. Nach dem Inhalt der einzelnen Entlassungsvorschriften kommt jedoch ein Ermessensspielraum nur in sehr engen Grenzen in Betracht."[58] Im Regelfall wird daher eine Verbeamtung auf Lebenszeit ausgeschlossen und die Entlassung des Probebeamten angezeigt sein. Das enge Ermessen trägt wegen seiner Tendenz zur Exklusion zur effektiv qualitätssichernden Ausgestaltung des Berufsbeamtentums stark bei. Jedoch erfüllt es auch den Zweck, der Einschätzungsprärogative der Beschäftigungsbehörde des Probebeamten den nötigen Raum zu lassen, in besonderen Fallkonstellationen auch die Entscheidung zu Gunsten des Beamten zu treffen und diesen nicht zu entlassen, wenn sich dies nach verständiger Würdigung der Sach- und Rechtslage gebietet.

---

[58] *Plog/Wiedow/Lemhöfer/Beck*, Rdnr. 7.

Literaturverzeichnis

Battis, Ulrich (Hrsg.), Bundesbeamtengesetz, Kommentar, 5. Aufl., München 2017 (zitiert: *Battis*).

Di Fabio, Udo, Das beamtenrechtliche Streikverbot, Das Streikverbot der Beamten als konstitutiver Bestandteil rechtsstaatlicher Demokratie; Rechtsgutachten im Auftrag des Deutschen Beamtenbundes, München 2012.

Finkelnburg, Klaus/Dombert, Matthias/Külpmann, Christoph/Jank, Klaus Peter, Vorläufiger Rechtsschutz im Verwaltungsstreitverfahren, Bd. 12, 5., völlig neu bearb. Aufl., München 2008.

Gröpl, Christoph/Windthorst, Kay/Coelln, Christian von (Begr.), Grundgesetz, Studienkommentar, 3. Aufl., München 2017.

Herrmann, Klaus/Sandkuhl, Heide, Beamtendisziplinarrecht - Beamtenstrafrecht, 1. Auflage 2014.

Leppek, Sabine, Beamtenrecht, 12., neu bearbeitete Auflage, Heidelberg 2015.

Plog, Ernst/Wiedow, Alexander/Lemhöfer, Bernt/Beck, Gerhard (Hrsg.), Bundesbeamtengesetz mit Beamtenstatusgesetz, Beamtenversorgungsgesetz, Bundesbesoldungsgesetz, Kommentar, Köln 2009 (zitiert: *Plog/Wiedow/Lemhöfer/Beck*).

Sauerland, Thomas, Allgemeines Verwaltungsrecht, München 2015.

Schnellenbach, Helmut/Bodanowitz, Jan, Beamtenrecht in der Praxis, Bd. Band 40Bd. , 9., neubearbeitete Auflage, München 2017.

Sodan, Helge (Hrsg.), Grundgesetz, 4. Aufl., München 2018 (zitiert: *Sodan*).

Stern, Klaus, Grundbegriffe und Grundlagen des Staatsrechts, Strukturprinzipien der Verfassung, Bd. / von Klaus Stern ; Bd. 1Bd. , 2., völlig neubearb. Aufl., München 1984.

Wolff, Heinrich Amadeus/Antoni, Michael/Domgörgen, Ulf/Risse, Horst (Hrsg.), Grundgesetz für die Bundesrepublik Deutschland, Handkommentar, 12. Aufl., Baden-Baden 2018 (zitiert: *Wolff/Antoni/Domgörgen/Risse*).